Tuc

Serie "Datos divertidos sobre las aves para niños "

Escrito por Michelle Hawkins

Tucán

Serie "Datos divertidos sobre las aves para los niños"

Por: Michelle Hawkins

Versión 1.1 n.o enero de 2021

Publicado por Michelle Hawkins en KDP

Toda la información de este libro ha sido cuidadosamente investigada y comprobada para la exactitud de los hechos. Sin embargo, el autor y el editor no garantizan, expresa o implícitamente, que la información contenida en este documento sea apropiada para cada individuo, situación o propósito y no asume ninguna responsabilidad por errores u omisiones.

El lector asume el riesgo y la plena responsabilidad de todas las acciones. El autor no será responsable de ninguna pérdida o daño, ya sea consecuente, incidental, especial o de otro tipo, que pueda resultar de la información presentada en este libro.

Todas las imágenes son gratuitas para su uso o compradas en sitios de fotos de stock o libres de regalías para uso comercial. He confiado en mis propias observaciones, así como en muchas fuentes diferentes para este libro, y he hecho todo lo posible para comprobar los hechos y dar crédito donde se debe. En caso de que cualquier material se utilice sin el permiso adecuado, por favor póngase en contacto conmigo para que la supervisión pueda ser corregida.

El proyecto de ley del tucán no es una buena manera de defenderse.

Los tucanes viven hasta veinte años en la naturaleza.

Los nativos americanos ponen tucanes en sus polos para mostrar comunicación.

Los tucanes son conocidos por sus coloridos becks.

Los tucanes forman un grupo de hasta seis tucanes a la vez.

El proyecto de ley sobre el Tucán es considerado el más grande de todas las aves.

Los tucanes tienen alas muy cortas.

Los tucanes de bebé tardan varios meses antes de que sus picos crezcan.

Los tucanes se encuentran en Centroamérica, Sudamérica y los Caribes.

El proyecto de ley de los tucanes está serrado como un cuchillo.

El pico de tucanes es conocido por ser largo, fuerte y amplio.

Hay una constelación que lleva el nombre del tucán que se puede ver en los cielos del sur.

El pico de los tucanes es muy ligero.

Al dormir, el Tucán parece una bola negra.

Hay más de cuarenta tipos diferentes de tucanes en el mundo.

Los colores del tucán permiten que no se vea fácilmente en la selva tropical.

Fruit Loops es mejor conocido por tener un colorido tucán en la parte delantera de su caja.

El ave nacional de Belice es el Tucán.

Los tucanes se encuentran en la selva tropical.

Los tucanes pueden ser entrenados para ir al baño en su jaula en un lugar específico.

El pico tucán está formado por material esponjoso llamado Queratina.

La queratina es el mismo material que el uso humano en el cabello y las uñas.

El pico de tucán puede ser más de la mitad de la longitud corporal de los tucanes.

Los vasos sanguíneos en el pico de tucanes ayudan a mantener su temperatura corporal regulada.

Usted encontrará tucanes anidar en los agujeros de los árboles que otras aves han hecho en el árbol, como un Pájaro de Madera.

El pico de los tucanes se utiliza para recoger alimentos.

Los tucanes disfrutan más hablando al final de la tarde.

Los tucanes sólo vuelan distancias cortas porque tienen que agitar sus alas tan vigorosamente.

Los tucanes tienen cuatro dedos en cada pie, dos que miran hacia adelante y dos que miran hacia atrás.

Estos dedos de los dedos permiten a los tucanes envolver los dedos de los dedos alrededor de su percha.

Los tucanes son muy agresivos con otras aves.

Los tucanes obtienen la mayor parte de su agua de la fruta que comen.

Tucán puede romper su cola hacia atrás hacia su cabeza.

La lengua de los tucanes se asemeja a una pluma.

Las patas de un tucán son muy cortas y muy fuertes.

Para conservar el calor, los tucanes dormirán a su disposición.

Los tucanes femeninos ponen de dos a cuatro huevos cada vez.

El tucán es muy inteligente para que puedan ser entrenados muy rápidamente.

Los tucanes pueden ser de hasta siete pulgadas a treinta pulgadas de largo.

Cuanto más tarde en el día, más tucanes estarán hablando.

Los picos de tucanes pueden variar en color de naranja a amarillo.

El cráneo del Tucán es más pequeño que su pico.

Los tucanes comen principalmente fruta, pero pueden comer el lagarto pequeño ocasional si tiene suficiente hambre.

Los tucanes están relacionados con el Pájaro Carpintero.

Un bebé Tucán es conocido como un polluelo.

Los tucanes de bebé nacen sin plumas ni pico largo.

Una lengua de tucanes puede ser de hasta seis pulgadas.

Las garras en los pies del Tucán les ayudan a posarse en los árboles para que puedan comer fruta.

El pico de los tucanes puede tener hasta ocho pulgadas de largo.

Los tucanes son conocidos por ser ruidosos en la selva tropical y su hogar.

Dado que los tucanes tienen alas cortas, saltarán más que volar.

Peso de tucanes entre cuatro onzas y veinticuatro onzas.

El pico del tucán pesa tanto como todo su cuerpo.

El cuerpo de los tucanes es en su mayoría negro.

Otras marcas en el Tucán están en su cuello, plumas y cola.

Los tucanes permanecerán en una zona durante toda su vida debido a que no quieren volar a otro lugar.

Los tucanes son considerados como un ave muy perezosa.

Encuéntrame en Amazon en:

https://amzn.to/3oqoXoG

y en Facebooks en:

https://bit.ly/3ovFJ5V

Otros libros de Michelle Hawkins

Serie

Datos divertidos sobre los pájaros para los niños.

Dato curioso sobre frutas y verduras

Datos divertidos sobre animales pequeños

.

Made in the USA
Monee, IL
21 September 2021